Mi primer libro de

criaturas
fantásticas

Descubre los secretos de más de
100 seres mágicos y legendarios

Texto: Stephen Krensky
Ilustraciones: Katarzyna Doszla, Lucy Semple,
Paula Zamudio, Sara Ugolotti

Índice

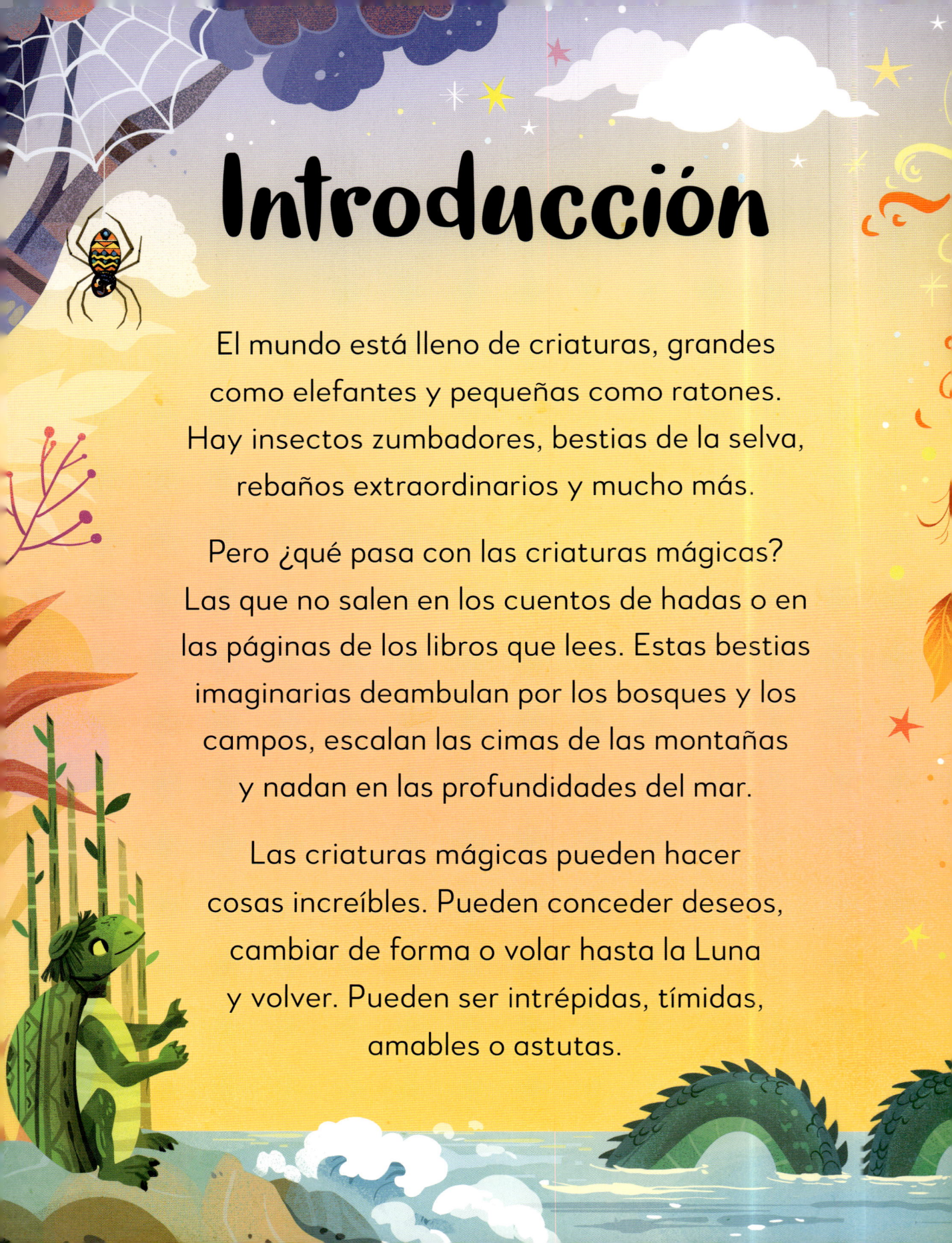

Introducción

El mundo está lleno de criaturas, grandes como elefantes y pequeñas como ratones. Hay insectos zumbadores, bestias de la selva, rebaños extraordinarios y mucho más.

Pero ¿qué pasa con las criaturas mágicas? Las que no salen en los cuentos de hadas o en las páginas de los libros que lees. Estas bestias imaginarias deambulan por los bosques y los campos, escalan las cimas de las montañas y nadan en las profundidades del mar.

Las criaturas mágicas pueden hacer cosas increíbles. Pueden conceder deseos, cambiar de forma o volar hasta la Luna y volver. Pueden ser intrépidas, tímidas, amables o astutas.

Muchas criaturas mágicas son tan cordiales que podrían ser tus mejores amigas. Otras siempre hacen travesuras y algunas, hay que decirlo, no son muy agradables.

Pero, actúen como actúen, las criaturas mágicas forman parte de nuestra imaginación. Hace miles de años que están entre nosotros, viven por todo el mundo y no tienen ninguna intención de irse. ¿Te gustaría conocerlas mejor?

Pues empecemos.

Stephen Krensky

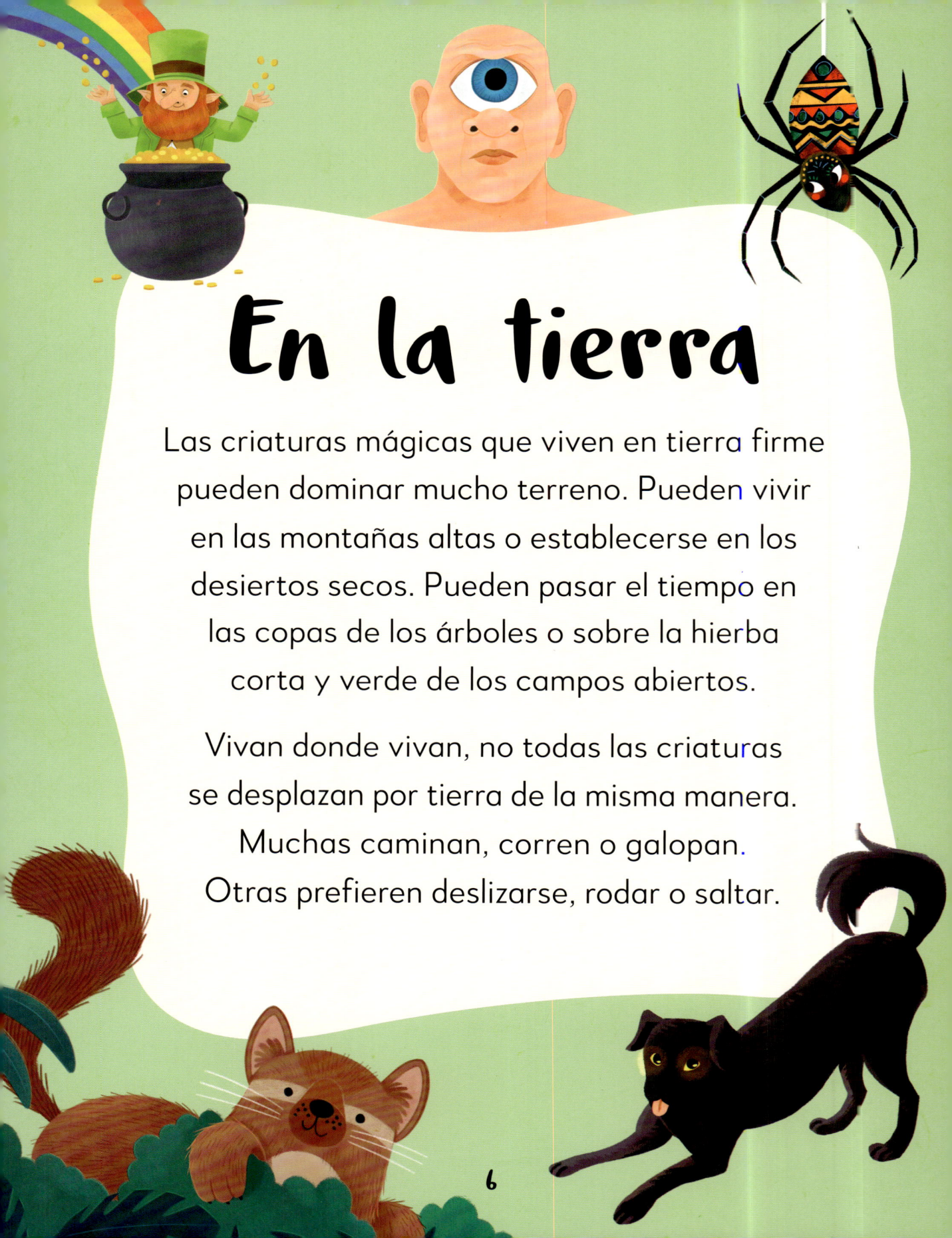

En la tierra

Las criaturas mágicas que viven en tierra firme pueden dominar mucho terreno. Pueden vivir en las montañas altas o establecerse en los desiertos secos. Pueden pasar el tiempo en las copas de los árboles o sobre la hierba corta y verde de los campos abiertos.

Vivan donde vivan, no todas las criaturas se desplazan por tierra de la misma manera. Muchas caminan, corren o galopan. Otras prefieren deslizarse, rodar o saltar.

6

Algunas de estas criaturas míticas tienen muchas cosas en común. Por ejemplo, hay muchos gatos mágicos distintos y bastantes lagartos y serpientes legendarios.

Otras criaturas parece que se hayan formado a partir de una mezcla de garras, colas y patas peludas que nadie haya planificado con mucho cuidado. A veces, estas combinaciones tienen sentido, pero no siempre. Aun así, el resultado es una criatura mágica única que a menudo resulta inolvidable.

7

A los faunos les encanta tocar melodías alegres en flautas de madera.

La mayoría de los faunos t enen dos cuernos.

A los faunos les gustan las **fiestas**, y cualquiera que se encuentre una es bienvenido.

Pie con garras

Fauno

Un fauno es un humano de cintura para arriba y una **cabra** de cintura para abajo. Los faunos pasan gran parte del tiempo tocando música y bailando en el bosque.

Cuernos curvados

Los sátiros les dieron un montón de problemas a los **griegos antiguos**.

A los sátiros no les importa nadie más que no sean **ellos mismos**.

Igual que los faunos, los sátiros son cabras de cintura para abajo.

Sátiro

Los sátiros son como los faunos en muchos aspectos y también son medio humanos y medio cabras.

A pesar de ello, los sátiros son más **peludos** y hay que decir que también son más astutos.

Los kitsunes son mensajeros de la deidad japonesa Inari.

Cada cien años a un kitsune le crece una nueva **cola**.

Cuantas más colas tenga un kitsune, más sabio es.

Kitsune

El kitsune se parece mucho a un zorro, pero también puede parecer una persona. Puede **cambiar** de forma para ayudar a alguien que lo necesite o para darle una lección.

Sibuxiang

El sibuxiang chino parece hecho a partir de piezas de **puzle** de animales. Tiene las pezuñas de una vaca, las astas de un ciervo, la cola de un asno y la cabeza de un caballo.

«Sibuxiang» significa «cuatro formas de ser distinto».

Astas de ciervo

Cola de asno

Cabeza parecida a la de un caballo

El sibuxiang se basa en un animal **real** llamado «ciervo del padre David».

Pezuñas de vaca

Cabeza de toro

El rey Minos de Creta construyó el laberinto como **cárcel** para el minotauro.

Minotauro

El minotauro tiene cuerpo de humano y cabeza de toro. Era tan peligroso que lo hicieron **prisionero** en un dédalo de piedra llamado el «laberinto».

Babe, el buey azul

Babe, el buey azul, era el animal de compañía de Paul Bunyan, un legendario leñador de América del Norte. Babe era **azul** de nacimiento y no cambió nunca de color, aunque estuviera bien abrigado.

Las huellas de Babe y Paul eran tan grandes que, cuando llovía, muchas se llenaban de agua y se convertían en **lagos**.

Babe era tan grande que entre los **cuernos** le cabían cuarenta y dos mangos de hacha.

Babe era tan **fuerte** que podía ayudar a Paul a enderezar los caminos de montaña que estaban torcidos.

Gamusino

El gamusino es una pequeña criatura peluda difícil de encontrar. Algunas personas afirman que se puede cazar de **noche**, pero esas mismas personas nunca han cazado uno.

El gamusino parece un **animal de compañía**, pero no está domesticado.

El gamusino es muy conocido en España y Portugal.

Ojos grandes

Pies en forma de garra

Los gólems forman parte del folclore judío y se descubrieron en Europa del Este.

אמת

Los gólems son muy fuertes.

Los gólems **obedecen** siempre a sus propietarios, lo que no siempre es bueno para todo el mundo.

Gólem

Un gólem empieza siendo una pequeña criatura de **barro**. Lo que pase después depende de quién lo fabrique. Si es una buena persona, el gólem será bueno. Si es una mala persona, puede haber problemas.

Goblin

Los goblins son **codiciosos**.
Les gustan el oro y las joyas,
y nunca tienen suficientes.
No se detendrán ante nada
para enriquecerse.

Había un goblin que sabía
convertir la paja en oro.
Se llamaba **Rumpelstiltskin**.

Enanito

Un enanito es bajito,
fornido y muy fuerte.
Los enanitos viven bajo
tierra, donde **buscan**
oro y joyas. Convierten
esas riquezas en cálices
y otros tesoros.

Elfo

Los elfos son criaturas bondadosas que viven en el bosque. Se preocupan mucho por la **naturaleza** y les gusta protegerla.

Gnomo

A los gnomos les suele gustar llevar sombreros **puntiagudos**.

Los gnomos, parecidos a los goblins, viven bajo tierra, donde buscan tesoros. Pero algunos de ellos decidieron salir a tomar el aire y a cuidar de los **jardines**.

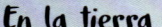

La historia de Ymir se basa en un antiguo poema nórdico de las tierras de **Escandinavia**.

Ymir

Todos los gigantes son grandes, pero Ymir es el más **grande**. La tierra se hizo de su carne; el mar, de su sudor; las montañas, de sus huesos; los árboles, de sus cabellos, y el cielo, de su cráneo.

18

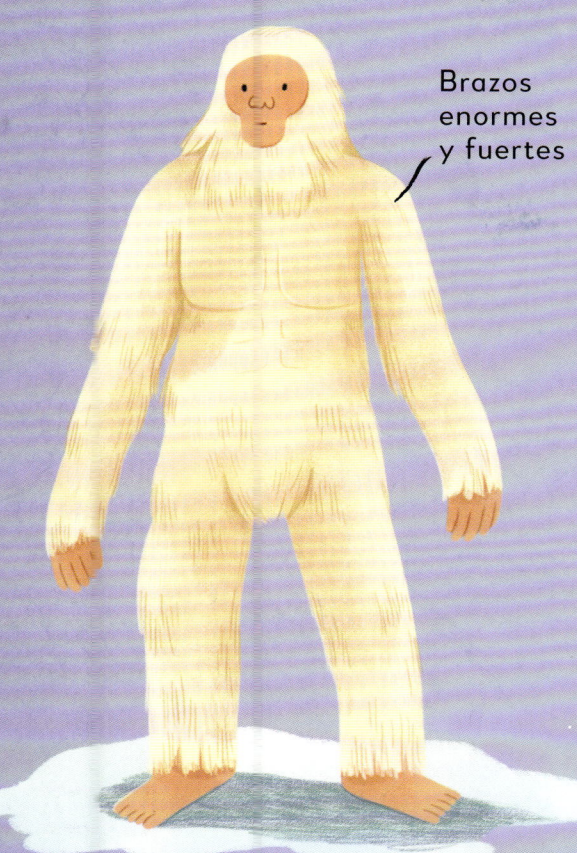

Brazos enormes y fuertes

Yeti

Si fueras un cruce entre un oso pardo de grandes dimensiones y un simio, ¿dónde te gustaría vivir? El yeti elige las **montañas** más altas de Asia.

También se le conoce con el nombre de «Pie grande».

Bigfoot

Bigfoot no es una criatura con un solo pie grande. En realidad, tiene dos pies que están unidos a dos piernas muy grandes y **peludas**.

El héroe Perseo mató a Medusa solo mirando su **reflejo** en el escudo mientras la atacaba.

Medusa

Según la leyenda **griega**, Medusa tiene dos hermanas. Las tres hermanas tienen alas, garras afiladas y el pelo hecho de serpientes. Medusa también cuenta con un poder especial. Si te mira directamente y tú le devuelves la mirada, te volverás de **piedra**.

Cuando Medusa murió, el caballo **Pegaso** surgió de sus heridas.

Cabeza de cocodrilo

Parte central de león

Se creía que las **escamas** le servían para pronunciar sentencia.

Culo de hipopótamo

Ammit

Ammit era una **diosa** del antiguo Egipto.
Ayudaba a juzgar lo que les sucedía a los espíritus
de las personas después de morir. Si el corazón
era más ligero que una pluma, se creía que
se convertiría en inmortal.

21

Fenrir

Como muchos otros lobos del folclore, Fenrir **aúlla** a la luna.

Fenrir es un lobo poderoso. Es hijo de un dios nórdico astuto y fuerte llamado **Loki**. Los otros dioses temían a Fenrir y lo apresaron mediante unas cadenas mágicas.

Las cadenas de Fenrir son más fuertes que cualquier metal.

Un día, Fenrir se liberará y causará muchos problemas.

22

El qilin se ha comparado con una **jirafa**. No es que sean muy parecidos, pero ambos tienen cuernos, crin y pestañas largas.

Dos cuernos

Pestañas gruesas

Crin

Cola de caballo

Pezuña hendida

Qilin

El qilin puede dar un poco de miedo, pero en realidad es muy **dulce**. Según la leyenda china, el qilin suele aparecer durante el nacimiento o la muerte de una persona sabia o un gran gobernante.

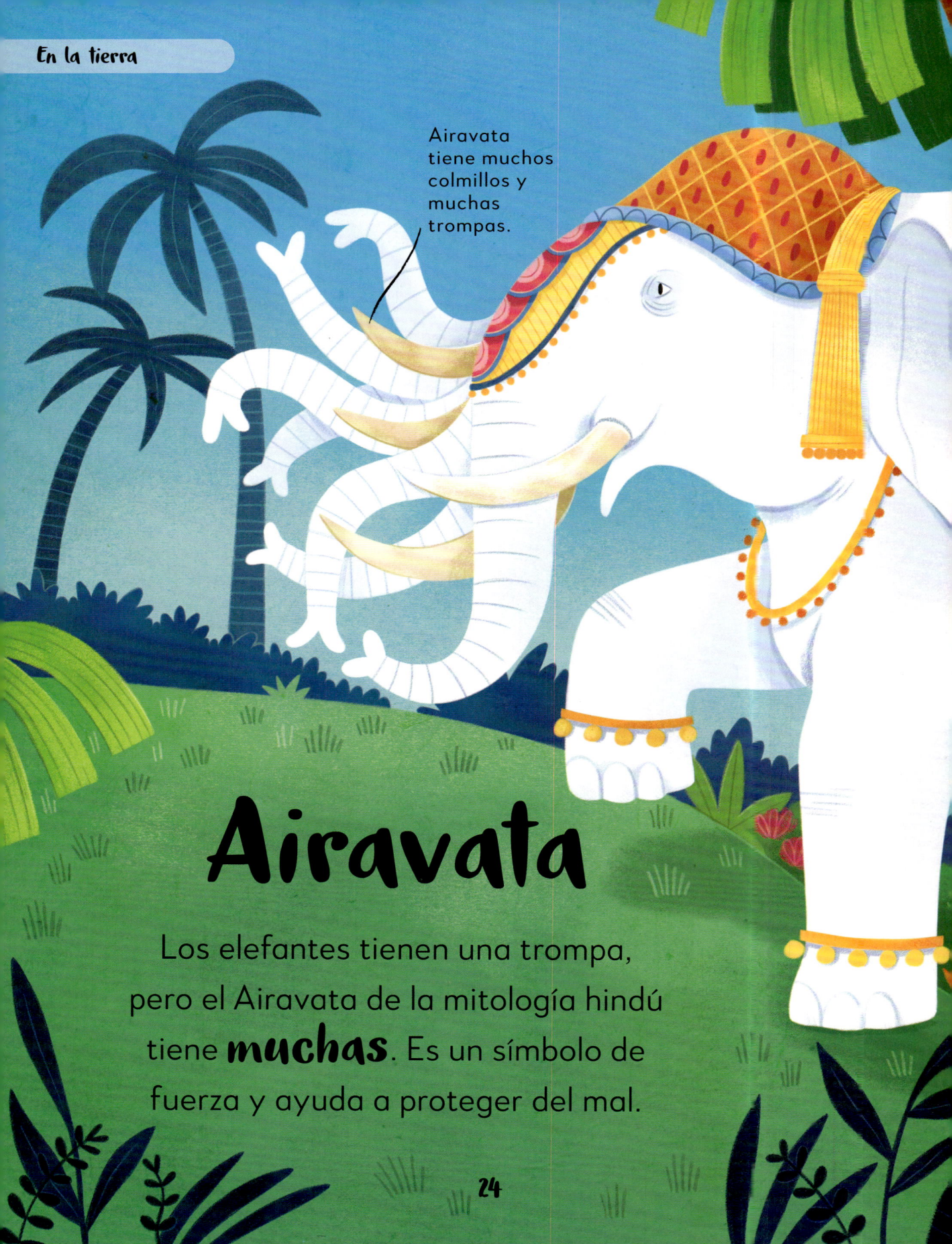

Airavata tiene muchos colmillos y muchas trompas.

Airavata

Los elefantes tienen una trompa, pero el Airavata de la mitología hindú tiene **muchas**. Es un símbolo de fuerza y ayuda a proteger del mal.

Indra, el rey de los dioses,
hizo que Airavata entrara en batalla.
Lucharon con la gran serpiente **Vritra**
con rayos para liberar las aguas
de la tierra.

A diferencia de otros
elefantes, Airavata es
de color blanco **puro**.

Airavata recibe muchos otros nombres, como
«Elefante de los Dioses» y «Elefante de combate».

El cuerno del unicornio es largo, delgado y a menudo tiene forma de espiral.

Tocar un cuerno de unicornio puede curar enfermedades.

Unicornio

Esta criatura tan noble parece un caballo pequeño, pero presenta una diferencia importante. Tiene un **cuerno** en la cabeza.

Anansi

Anansi no es una **araña** normal. Creó el Sol, la Luna y todas las estrellas brillantes del cielo. También trajo **historias** al mundo.

Anansi recogió la sabiduría del mundo y la puso en un cuenco de **calabaza**. Pero una parte se derramó y fue así como Anansi compartió la sabiduría con todo el mundo.

Anansi es un animal embaucador muy querido procedente de la mitología del África occidental.

27

Alux

Un alux es un duendecillo que te puede llegar a la altura de las rodillas. Suele ser invisible y pocas veces se ve. A los aluxes no les gusta que se hable de ellos, de modo que, si alguno te ayuda, agradécelo en **silencio**.

Los **mayas** de Mesoamérica fueron los primeros en contar historias sobre aluxes.

Se sabe que los aluxes ayudan a hacer crecer los cultivos en las granjas.

Chaneque

Los chaneques tienen el tamaño de un niño, pero parecen ancianos. Son conocidos por gostar **bromas**, como llevar a la gente a lugares donde podrían perderse.

Los **aztecas** de México fueron los primeros en contar historias sobre los chaneques.

Los encontramos a menudo cerca de bosques, ríos o cuevas.

Durante mucho tiempo, la creencia de que una persona se podía convertir en hombre lobo con la luz de la **luna llena** estaba muy extendida.

Los hombres lobo aparecieron por primera vez en **Europa** hace miles de años.

Hombre lobo

Un hombre lobo es medio lobo y medio humano. Se dice que una persona se convierte en hombre lobo cuando alguno la **muerde**. Por lo tanto, es mejor que huyas cuando veas a uno.

30

Quimera

Quimera es una bestia muy extraña.
Tiene **tres cabezas**: la cabeza de
un león, la cabeza de una cabra y la cabeza
de una serpiente, que le sale de la parte
posterior del cuerpo. Incluso escupe fuego.

Quimera tiene
una serpiente
por **cola**.

Quimera luchó con
muchos guerreros
de la **antigua
Grecia**.

Gatos

Los gatos son conocidos por su independencia y por ser **misteriosos**. También son muy apreciados porque les gusta comerse a los ratones.

Originariamente Bastet se parecía a un **león**, pero más adelante acabó pareciéndose a un gato.

Los Cait Sith tienen más o menos el tamaño de un **perro** pequeño.

Cait Sith

Bastet era una antigua diosa egipcia. Se creía que era una protectora útil contra los malos espíritus y las enfermedades.

Se dice que el **Cait Sith** de la mitología escocesa robaba las almas de los muertos después de que fallecieran.

Bastet

El **gato con botas** no es como cualquier otro gato. Camina sobre las dos patas posteriores y lleva ropa elegante, incluso unas botas altas de piel. También es inteligente y ayuda a su dueño a casarse con una princesa.

El **gato cactus** vive en el desierto. Se parece a un lince rojo, excepto porque está cubierto de pinchos en lugar de pelo. También tiene una cola blindada.

Gato con botas

Gato cactus

El **gato de Cheshire** es un gato grande, que a menudo encontramos sentado encima de la rama de un árbol. Se conoce por su sonrisa amplia y maliciosa.

El gato de Cheshire que se encuentra con Alicia en el país de las maravillas puede **desaparecer**, por lo tanto, todo lo que queda de él es su sonrisa.

Gato de Cheshire

Las leyendas sobre los monos siempre han sido populares en la China.

Sun Wukong primero fue un **guerrero**, pero después se corvirtió en un mono de la **paz.**

Sun Wukong

Cuando llevas el apodo de **Rey Mono**, tienes que ser fuerte, muy fuerte. Y Sun Wukong es precisamente así. Puede cargarse una montaña a la espalda, puede ser más rápido que un meteoro e, incluso, puede congelar a sus enemigos usando la magia.

34

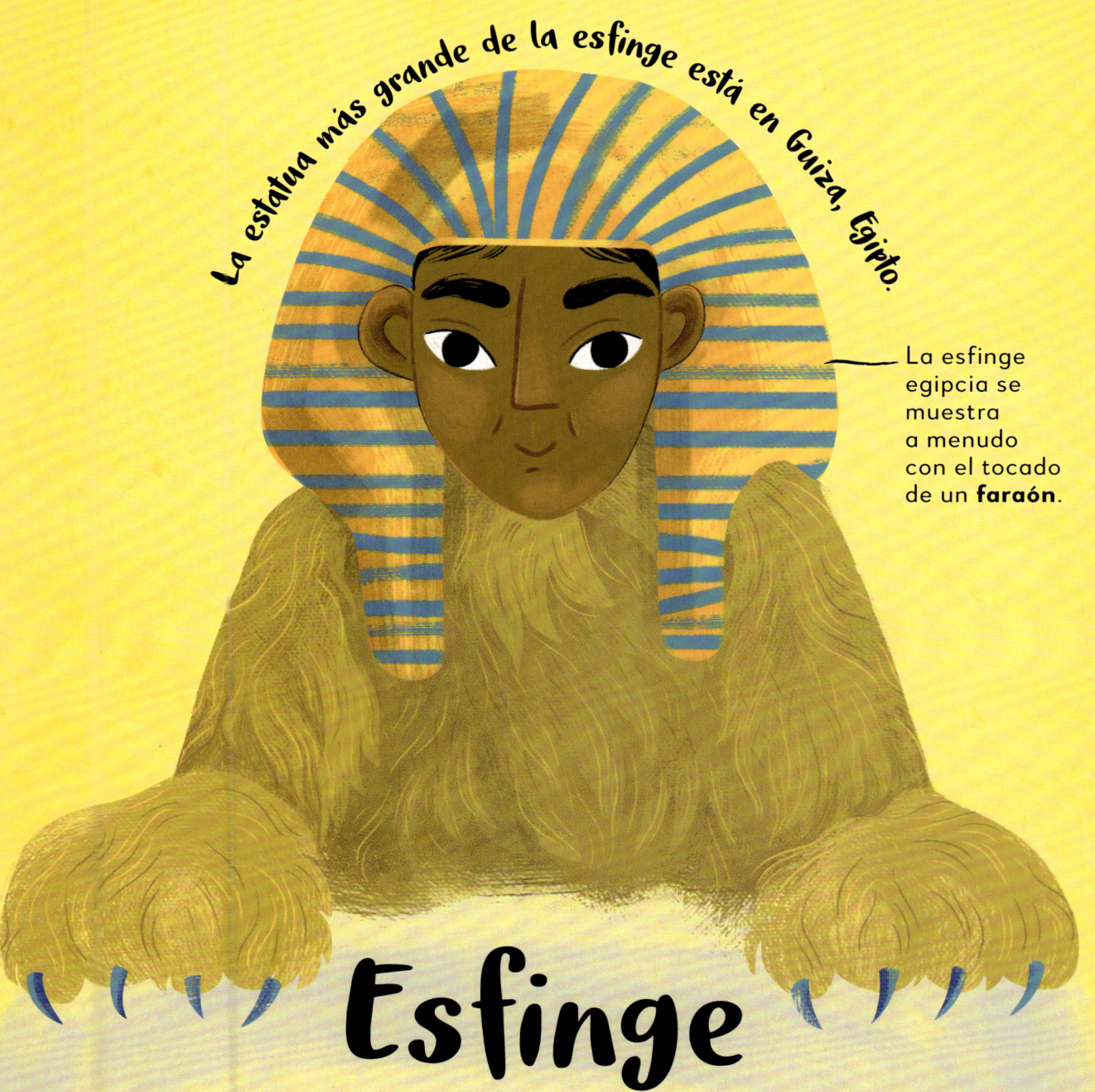

La estatua más grande de la esfinge está en Guiza, Egipto.

La esfinge egipcia se muestra a menudo con el tocado de un **faraón**.

Esfinge

La esfinge del antiguo Egipto tiene la cabeza de un humano y el cuerpo de un león. Los habitantes del antiguo Egipto creían que la esfinge los protegería y los mantendría fuera de peligro. Por este motivo, construyeron un montón de **estatuas** para honrarla.

Carbunclo

Al carbunclo le encantan las **joyas**. Le gustan tanto que tiene una joya roja pegada en la frente. Los carbunclos viven cerca de las minas, donde pueden recoger más joyas si surge la oportunidad.

Se cree que los carbunclos se parecen a los gatos o a los zorros. Pero como son difíciles de **atrapar**, no se puede saber con seguridad.

Los carbunclos viven en América del Sur, especialmente en **Chile**.

Puca

A las pucas se las ha visto rondando por las **islas británicas**.

La puca puede cambiar de **forma**. Puede parecer un gato, un perro o algún que otro animal de granja. Incluso puede simular ser una persona, pero con las orejas puntiagudas y cola. ¿Por qué tomarse tantas molestias? Cambiar de forma le ayuda a engañar a la gente.

Algunas tienen los ojos brillantes.

La puca puede ser muy útil, especialmente para los granjeros.

Gogmagog fue el último gigante que vivió en las islas británicas.

Gogmagog figura en el **folclore** galés e inglés.

38

Gogmagog
era tan fuerte que
podía arrancar un **roble**
con una sola mano.

Gogmagog

Como todos los **gigantes**, Gogmagog
era muy grande. Vivía con otros gigantes
que hacían lo que él quería. Finalmente,
un soldado valiente luchó con Gogmagog
y lo lanzó por un acantilado.

Lebrílope

El lebrílope parece una **liebre** con cuernos de antílope en la parte delantera de la cabeza. Afortunadamente, tiene el cuello suficientemente largo para soportar el peso adicional. Los lebrílopes son tímidos y nadie ha capturado nunca uno.

El nombre es una mezcla de las palabras «liebre» y «antílope».

Cuernos de antílope

Cara de una liebre

Las observaciones de lebrílopes se han limitado a las llanuras occidentales de **América del Norte**.

El tanuki lleva un **sombrero** para protegerse de los cambios meteorológicos.

El tanuki vive en Japón.

Al tanuki le gusta tocar la **batería** utilizando su barriga.

Cola grande y esponjosa

Tanuki

El tanuki parece un mapache y un perro juntos. Esta criatura pequeña es muy **traviesa**. Puede cambiar de forma cuando lo desea, y le gusta gastar bromas a la gente.

A los brownies les gusta ayudar a barrer los hogares de la gente.

Brownie

Un brownie es una especie de duende que lleva ropa de color marrón y que, por la noche, se cuela en las casas de la gente, donde **limpia** y echa una mano en diferentes tareas.

Diablillo

El **diablillo**, una criatura escuálida, no es malvado, pero le gusta gastar bromas a la gente. Y cuando las gasta, siempre muestra una sonrisa delatora en el rostro.

Un diablillo suele tener una **cola larga**.

42

Leprechaun

Un leprechaun es un hombrecillo con barba a quien le gusta fabricar y reparar zapatos. Si atrapas a un leprechaun, te concederá tres **deseos** a cambio de dejarlo marchar.

Lo que más le gusta a un leprechaun es el **oro**, que suele guardar al final de un arcoíris.

Duende

Los duendes llevan sombreros puntiagudos a juego con sus orejas, también puntiagudas. Pasan la mayor parte del tiempo en el exterior, bailando y jugando. Si se aburren, lanzan **hechizos** a la gente.

A los duendes les encanta **luchar** los unos contra los otros.

43

Benandonner, también conocido como «el Hombre rojo», estaba enfadado la mayor parte del tiempo, lo cual hacía que tuviera la cara roja.

Finn tenía un pulgar mágico que compartía con él una gran sabiduría.

Finn McCool y Benandonner

Había una vez dos gigantes que no se caían bien. Uno, Finn McCool, vivía en **Irlanda**. El otro, Benandonner, vivía en **Escocia**. Finalmente, decidieron luchar y sus batallas cambiaron la forma de sus costas.

Lobo feroz

El lobo feroz no es un lobo mágico, pero tiene mucha fuerza. Si respira muy fuerte, puede **echar** abajo una casa. Pero no cualquier casa. Una casa de ladrillo es lo bastante resistente como para soportar sus ráfagas.

El lobo feroz que incordia a los **tres cerditos** no es el mismo que intentó comerse a Caperucita Roja, aunque los dos eran grandes y malvados.

En las **historias** de toda Europa y zonas de Asia aparece un ciervo blanco.

Patas robustas

Con su pelaje brillante, el ciervo blanco es un símbolo de **pureza**.

Ciervo blanco

Un ciervo blanco no es nada **frecuente** por dos motivos: por su color y porque es mágico y no se le puede atrapar. Algunas personas creen que el ciervo blanco es un mensajero de un mundo lejano.

León de las nieves

El león de las nieves es el símbolo del **Tibet**, una región de la cima de las montañas del Himalaya. Es una de las cuatro criaturas mágicas del budismo que representa la fuerza, la confianza y la alegría.

El león de las nieves suele tener una melena de color turquesa.

En el Tibet hace demasiado frío para que puedan vivir allí los leones normales.

Un solo **rugido** del león de las nieves puede hacer que caigan siete dragones del cielo.

47

Atlas nunca se pudo ir de vacaciones porque siempre tenía que sujetar el cielo.

Atlas

Atlas era un antiguo gigante griego.
Todos los gigantes son enormes, pero Atlas era
más grande que la mayoría. De hecho, sujetaba
todo el **cielo** sobre los hombros. Pesaba mucho,
pero era un castigo por rebelarse contra Zeus,
el rey de los dioses, así que no se podía quejar.

Atlas era el dios de la **fuerza**, pero habría s do más feliz si no lo hubiera tenido que demostrar.

Vieja bruja

Una vieja bruja es una mujer de edad avanzada que puede hacer **magia**. Lleva ropa de colores oscuros y un sombrero alto y puntiagudo. Las viejas brujas no siempre son desagradables, pero la mayoría, sí.

Las viejas brujas suelen vivir en los **bosques** de Europa.

Las viejas brujas suelen tener solo un **gato negro** de animal de compañía.

Una calcu puede usar **espíritus malignos** para causar problemas a la gente que vive a su alrededor.

Si una calcu hace enfermar a alguien, los **sanadores** llamados «machi» intentarán que mejore.

A las calcu les gusta tocar el tambor.

Calcu

Una calcu es una **bruja** poderosa que vive en algunas zonas de América del Sur. No tiene que ser mala, pero no suele ser amable ni hace amigos con facilidad.

La cabaña de Baba Yagá se erige sobre unas **patas de pollo** mágicas, por lo que es difícil no verla.

Las dos **hermanas** de Baba Yagá viven con ella. Parece que se llevan bien.

Baba Yagá

Baba Yagá es una **bruja** rusa que vive en las profundidades del bosque. Si te la encuentras, prepárate. Es posible que te pida que hagas algo por ella. ¡Asegúrate de poder hacerlo! Si fracasas, es posible que tengas que quedarte para la cena... su cena.

Las mangkukulam viven en las **Filipinas.**

A veces las mangkukulam utilizan **insectos** o **gusanos** especiales para hacer que la gente se encuentre mal.

Mangkukulam

Algunas brujas son buenas y otras, malas.
Las mangkukulam son de las malas. Utilizan
la **magia** para que les tengamos miedo.
Y maldecirán a cualquiera que
se interponga en su camino.

Los primeros troles aparecieron en las historias del norte de Europa.

Las tres cabritas y el *trol* es un cuento noruego sobre un trol **gruñón** que discute con tres cabras.

Trol

Los troles pueden ser grandes y pequeños. A veces viven en cuevas y debajo de los puentes. Les gusta la **oscuridad** o los lugares sombríos porque muchos se convierten en piedra con la luz del sol. Eso les pone nerviosos.

Dokkaebi

Un dokkaebi parece un **goblin** malvado. Tiene unos cuernos afilados, ojos saltones y mucho pelo. Suele ser inofensivo, excepto cuando intentas engañarle. Si lo haces, se enterará y lo lamentarás.

En **Corea** ya se contaban historias sobre el dokkaebi centenares de años antes de que se pusieran por escrito.

Al dokkaebi le encanta luchar.

La ropa holgada es cómoda para los combates.

El dokkaebi se mueve con rapidez sobre sus piernas fuertes.

Cíclope

Un cíclope es una especie de gigante.
Pero por muy grandes que fueran los cíclopes,
solo tenían **un ojo**. A pesar de todo, este ojo era
grande y difícil de pasar por alto. Los cíclopes ya
daban miedo por sí solos, y el hecho de que tuvieran
un solo ojo todavía los hacía más aterradores.

En una antigua
historia griega, el
héroe **Odiseo** dejó
ciego a un cíclope.

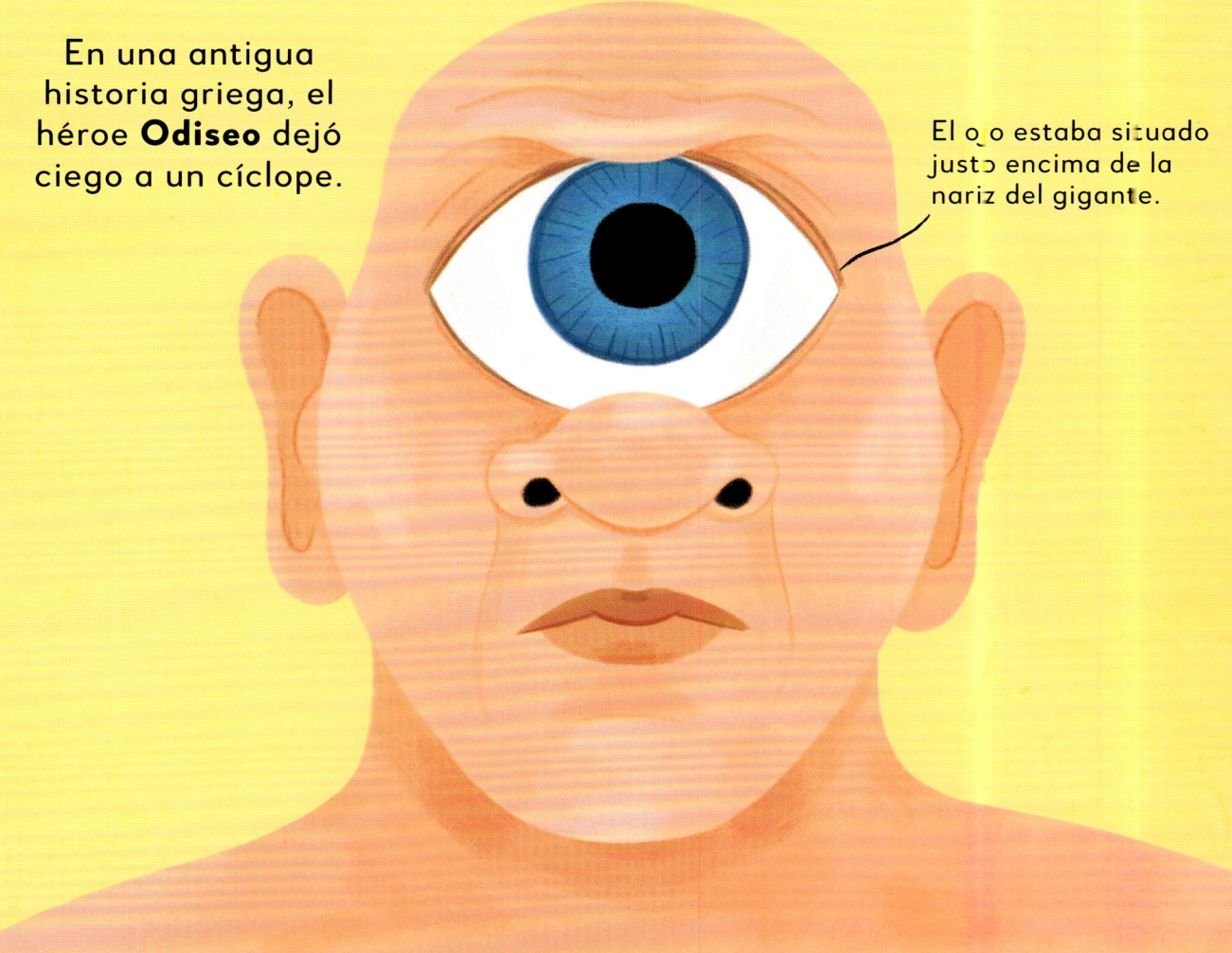

El ojo estaba situado
justo encima de la
nariz del gigante.

Se dice que las serpientes de aro han rodado por **América del Norte** y **Australia**.

La serpiente de aro avanza rodando cuando busca algo para comer.

Serpiente de aro

La serpiente de aro debe su nombre al hecho de que **se agarra** la cola con la boca y rueda como un **aro**, lo cual no saben hacer las otras serpientes. Eso es mucho más rápido que deslizarse.

A veces, la serpiente de aro pica a su presa con el aguijón de la cola.

En el agua

Todas las criaturas mágicas que viven en el agua tienen algo en común: saben nadar. Pero eso no significa que todas naden de la misma forma. Algunas tienen manos y pies palmípedos, otras tienen aletas. Aguantan muy bien la respiración y nunca tienen arrugas en la piel, por mucho tiempo que pasen en el agua.

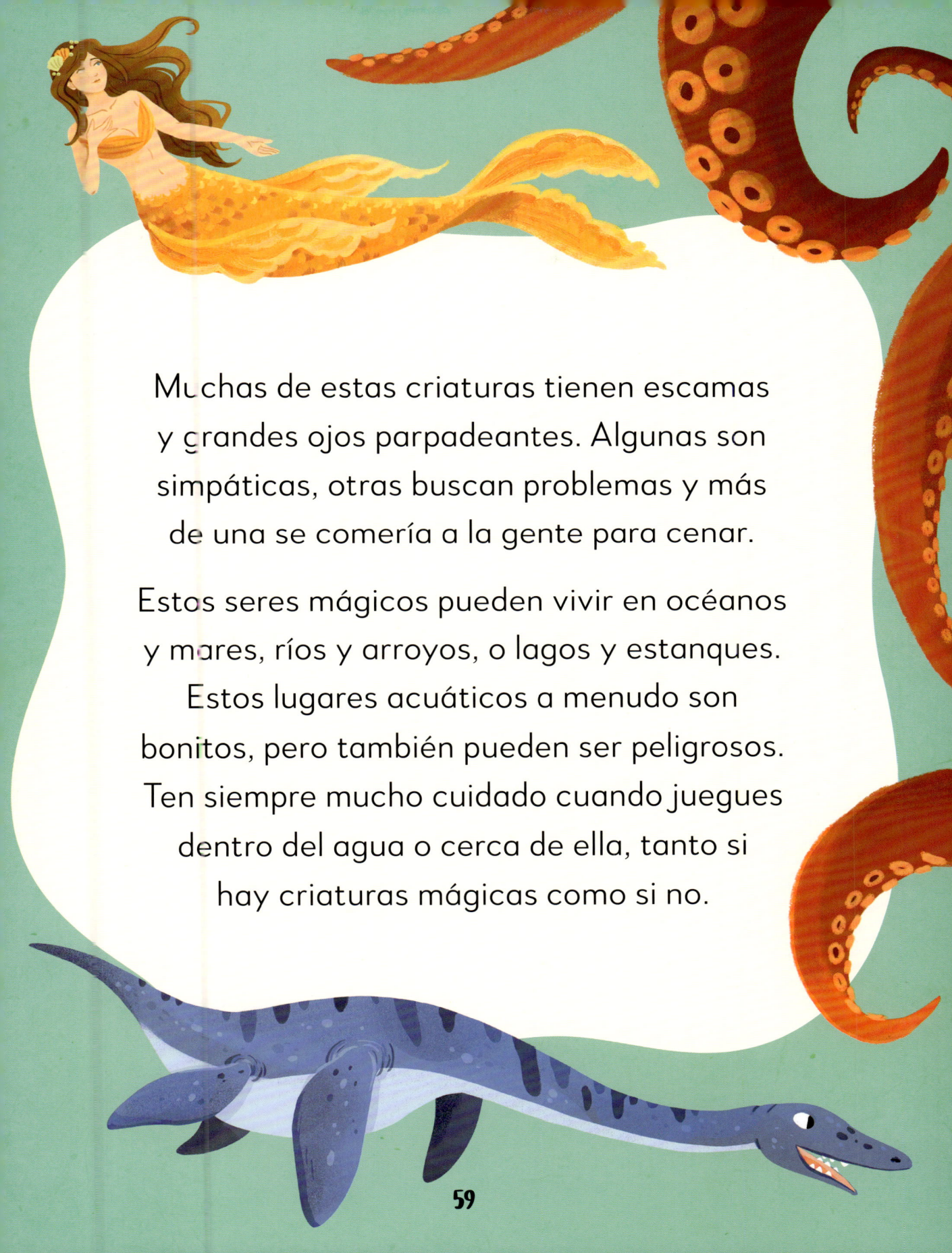

Muchas de estas criaturas tienen escamas y grandes ojos parpadeantes. Algunas son simpáticas, otras buscan problemas y más de una se comería a la gente para cenar.

Estos seres mágicos pueden vivir en océanos y mares, ríos y arroyos, o lagos y estanques. Estos lugares acuáticos a menudo son bonitos, pero también pueden ser peligrosos. Ten siempre mucho cuidado cuando juegues dentro del agua o cerca de ella, tanto si hay criaturas mágicas como si no.

El dirawong apareció por primera vez en el **Tiempo del Sueño**, una antigua época legendaria del pueblo aborigen australiano.

El dirawong parece un **lagarto goanna** real, pero un poco más grande.

Las **garras** afiladas del dirawong lo ayudaron a luchar contra la serpiente arcoíris.

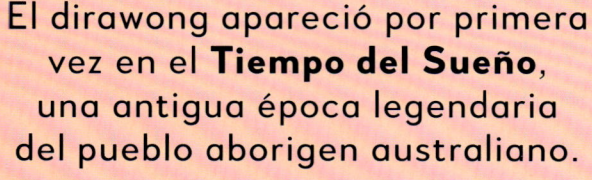

Dirawong

En el folclore aborigen australiano, el dirawong es un **lagarto** grande con el cuello largo y las garras afiladas. El dirawong fue un gran maestro y un protector que luchó contra la serpiente arcoíris.

Cuando aparece un arcoíris en el cielo, significa que la serpiente arcoíris está en movimiento.

La serpiente arcoíris se conoce como «**el donador de vida**».

Serpiente arcoíris

La enorme serpiente conocida con el nombre de «serpiente arcoíris» se vio por primera vez abriéndose paso a través de la tierra. Después luchó contra el dirawong. La batalla fue tan intensa y feroz que remodeló la costa de **Australia**.

Este dios del mar puede controlar las mareas con la ayuda de una **joya** mágica.

Ryujin controla el agua en el cielo y lleva **la lluvia y los truenos** allá donde quiere.

Ryujin

Ryujin es un **dragón** japonés que gobierna los mares. Tiene dos hogares: uno es un palacio en el mar y el otro se encuentra en el lago de un volcán dormido.

Glauco

El glauco empezó su vida como pescador griego, pero encontró una **hierba mágica** que devolvía la vica a los peces muertos. Probó a comérsela y la hierba lo convirtió en un tritón inmortal.

El glauco tiene el pelo largo y lleva barba.

El glauco a menudo ayuda a los pescadores que lo necesitan. También **rescata** a los marineros perdidos en el mar.

Como todos los tritones y ninfas marinas, el glauco solo vive en los océanos y los mares.

Toro de agua

El toro de agua de Escocia es muy grande, y tiene unos **orificios nasales** de color rojo vivo. Aunque vive en el mar, sale a tierra firme a la luz de la luna.

En gaélico escocés, el toro de agua se llama «tarbh uisge».

Dos cuernos grandes

Orificios nasales de color rojo vivo

A veces, el toro de agua adopta otras **formas**, pero la de toro es la que más le gusta.

El kelpie vive dentro del **agua** o cerca de ella y a veces adopta forma humana.

Las pezuñas del kelpie miran hacia atrás.

Kelpie

El kelpie es una criatura muy distinta al toro de agua. Le gusta el **agua dulce** y nada en los lagos de Escocia.

A las sirenas pez les gusta cantar tumbadas en las rocas.

Sirena pez

Estas sirenas son criaturas femeninas que se pasan la vida en el mar. Tienen forma de **mujer** de cintura para arriba y de **pez** de cintura para abajo.

Algunos cantan con la esperanza de atraer a los marineros para que sus barcos se **estrellen** contra las rocas. Otras esperan hacerse amigas de los pescadores o incluso **enamorarse**.

Se han contado muchas **historias** sobre sirenas pez en todo el mundo.

Pelo largo al viento

Mitad superior de mujer

Aleta caudal de pez

Makara es una criatura legendaria de la mitología hindú.

Makara aparece a veces con la cabeza de un **elefante**.

Makara

El océano está lleno de peligros. El pueblo hindú venera a Makara con la esperanza ce que este **dragón marino** los proteja. A veces decoraban los barcos con los símbolos de Makara.

Tritón vivía en un palacio de oro en las profundidades del océano.

Tritón sopló en una gran **caracola de mar** para anunciar la llegada de Poseidón.

Tritón

Tritón era un antiguo dios griego de los océanos. Su arma favorita era un **tridente**. Se trata de una lanza con tres puntas. Tritón era un mensajero de su padre, Poseidón.

La boca de Jormungandr es lo bastante grande como para tragarse a un humano de un solo bocado.

Jormungandr

Según la leyenda nórdica, Jormungandr es la serpiente **más grande** bajo el sol o la luna o de cualquier otro lugar. Es lo bastante grande como para rodear la Tierra y todavía le sobraría un trozo de cola.

Tiene el cuerpo cubierto de escamas resistentes que cuesta perforar.

Durante mucho tiempo, Jormungandr vivió en el fondo del **océano**.

Se decía que un día Jormungandr se encontraría con su **enemigo**, Thor, el dios del trueno, pero ese día no llegó hasta miles de años después.

Jormungandr se mencionó por primera vez en algunas historias de hace 2000 años.

Hidra

Hidra es una **serpiente** con nueve cabezas. También tiene aliento y sangre venenosos. Si alguien corta alguna de las cabezas de Hidra, le crecerán dos cabezas nuevas en su lugar.

El héroe griego **Hércules** venció a Hidra. Pidió a su sirviente que quemara el cuello de cada cabeza que cortara, de forma que no le pudieran crecer más.

Kappa

Este pequeño demonio vive en los **ríos** y los **estanques** de Japón. Aunque siempre es educado, el kappa puede ser **travieso**, y se le conoce por gastar bromas a la gente.

Boca en forma de pico

El kappa tiene una **hendidura** con forma de cuenco en la cabeza que debe mantenerse llena de agua.

El alimento favorito del kappa es el pepino.

Pelo greñudo y largo

Las selkies viven en las islas del nordeste de **Escocia.**

La peor pesadilla de una selkie es **perder** la piel. Si eso sucede, se queda atrapada en la tierra y no puede regresar al mar.

Las selkies pueden cambiar de **forma** si se quitan la piel.

El nombre «selkie» proviene de la palabra escocesa que significa «foca».

Selkie

Esta criatura parece una **foca** hasta que se quita la piel de foca. Después, parece un hombre o una mujer. Las selkies pueden ser amistosas, pero si intentas atraparlas, se defenderán.

74

Pincoya

La pincoya es un bonito **espíritu acuático**.
Vive en el fondo del mar, delante de las costas de Chile,
pero a menudo sube a visitar la superficie.

Pelo largo
y rubio

A la pincoya le encanta bailar en el agua.

La pincoya es una **nadadora** excelente, a pesar de que tiene piernas en lugar de cola de pez.

Si la pincoya **baila** de cara al mar, habrá buena pesca. Pero si lo hace de cara a las montañas, la pesca no irá muy bien.

Yacumama

Yacumama es una **serpiente** muy grande. ¿Cómo de grande? Lo bastante grande como para tragarse a una persona de un solo bocado. También tiene escamas azules y unos ojos gigantes que brillan de día y de noche.

Los **incas**, que vivían en Perú y alrededores, adoraban a Yacumama como espíritu del agua.

Se cree que el sonido de una caracola de mar altera a Yacumama.

76

Poseidón, el antiguo dios griego del mar, nunca necesitó que le rescatasen, pero los hipocampos tiraban a menudo de su carro por el agua.

Se d ce que el hipocampo vivía en el mar Mediterraneo.

Hipocampo

La mitad superior de un hipocampo pcrece un **caballo** y la mitad inferior, un **pez**. Esta criatura es amiga de los marineros porque a menudo los salva de ahogarse o los rescata de monstruos marinos.

Tritones y ninfas marinas

Estas criaturas del **mar** parecen seres humanos de cintura para arriba, pero cuentan con una **cola de pez** en la parte inferior del cuerpo. Viven debajo del agua y solo salen de forma ocasional.

Gulnare y el rey tienen un **hijo** que puede vivir en tierra firme o debajo del agua.

Estos **tritones** tienen la piel de color azul y viven delante de la costa escocesa. Sus corazones fríos van a juego con el agua fría y pasan el tiempo intentando **hundir** los barcos que pasan.

Hombres azules del Minch

Gulnare del mar

Gulnare es una mujer misteriosa que conquista el corazón de un **rey persa**. Una vez casados, el rey descubre que Gulnare proviene de debajo del mar.

La Sirenita es el personaje principal de una historia de Hans Christian Andersen que lleva el mismo nombre. Salva a un príncipe humano de ahogarse y después se **enamora** de él.

La Sirenita

Estas sirenas chinas **tejen** una tela blanca brillante que queda secc incluso debajo del agua. Cuando las jiaoren lloran, las lágrimas se convierten en **perlas**, que pueden regalar.

Jiaoren

Ningyo

El ningyo japonés es medio **humano** y medio **pez**, a pesar de que la parte de pez es más grande. Tiene los dedos huesudos en forma de garra. El ningyo **maldecirá** a cualquiera que lo capture.

Taniwha

Los taniwha viven en **estanques** o **cuevas** cerca de los ríos y los océanos. Son como lagartos o dragones gigantes, con alas y escamas. También cambian de forma para parecer ballenas o tiburones.

Los maoríes creían que los taniwha podían guiar a las personas por las aguas entre las islas del norte y el sur de **Nueva Zelanda**.

Algunas personas creían que los taniwha las **protegerían**. Otras creían que eran monstruos que las podrían atacar cuando los vieran.

Odiseo, el antiguo héroe griego, tapó los oídos de los marineros con cera para que no pudieran oír el canto de las sirenas ave.

Las sirenas ave tienen el cuerpo de una mujer y las alas y las patas de un pájaro.

Sirenas ave

Estas criaturas femeninas viven cerca de las rocas y las aguas turbulentas desde donde intentan atraer a los marineros que pasan. Si los marineros oyen el **canto de las sirenas**, a menudo navegan demasiado cerca de las rocas y se ahogan.

«Ondina» proviene de la palabra latina que significa «ola».

Una ondina es una especie de **ninfa**. Es un espíritu femenino vinculado con los elementos de la naturaleza, como los árboles y el agua.

Ondina

Las ondinas prefieren los estanques y los lagos de agua dulce al océano. Parecen mujeres de cintura para arriba. Si una ondina se enamorara de un humano, la **cola de pez** se le convertiría en las piernas.

Monstruo del lago Ness

El monstruo del lago Ness, o **Nessie**, vive en el lago Ness, en Escocia. Se cree que Nessie es muy grande, pero también muy tímido.

Nessie tiene una o más **jorobas** que sobresален del agua.

Se cree que Nahuelito se ha divisado en el **lago Nahuel Huapi**.

Dicen de esta criatura que se parece a los plesiosaurios.

Nahuelito utiliza las **aletas** para nadar.

El lago Ness es muy **profundo**, de forma que a Nessie le resultaría fácil esconderse.

A Nessie lo han buscado muchas veces, pero nadie lo ha encontrado jamás.

Nahuelito

Durante un centenar de años, en **Argentina** se han contado muchas historias sobre este monstruo del lago. Se cree que esta criatura se pasa la mayor parte del tiempo debajo del agua, aunque nadie la ha visto nunca.

Ninki Nanka

Ninki Nanka vive en las **ciénagas** de África Occidental. Pero tienen que ser unas ciénagas extensas porque se dice que Ninki Nanka mide unos 46 metros de longitud.

Ninki Nanka es muy grande y siempre está **hambriento**.

Hay gente que cree que puede escupir fuego.

Bake-Kujira se pasa la mayor parte del tiempo cerca de la superficie del agua, aunque no necesite respirar.

Se dice que Bake-Kujira es el **alma** de una ballena inocente que asesinaron por su carne y su aceite.

Bake-Kujira

Bake-Kujira significa **«ballena fantasma»** en japonés. A pesar de todo, se parece más a un esqueleto de ballena que a otra cosa. Los pájaros y los peces le siguen vaya donde vaya.

Se dice que el kraken nada por el mar entre Noruega e Islandia.

Kraken

El kraken es tan grande que se ha comparado con una isla pequeña. A pesar de todo, esta «isla» tiene **tentáculos** que pueden agarrar barcos enteros y arrastrarlos debajo del agua. Por lo tanto, no es la típica isla con la que los marineros esperan encontrarse alguna vez.

El kraken solo sale
a la superficie si se
le **molesta**. Si es así,
los marineros ya no
tienen tiempo
de calmarlo.

En el aire

Cuando pensamos en criaturas que vuelan por el aire, lo primero que nos viene a la cabeza, naturalmente, son las aves. Y aunque algunas criaturas mágicas voladoras parecen aves, hay muchas que no lo son.

A lo mejor lo que marca la diferencia son sus alas. Algunas criaturas tienen alas con plumas, como las de las aves. Otras tienen alas hechas de una piel fina estirada encima de articulaciones óseas.

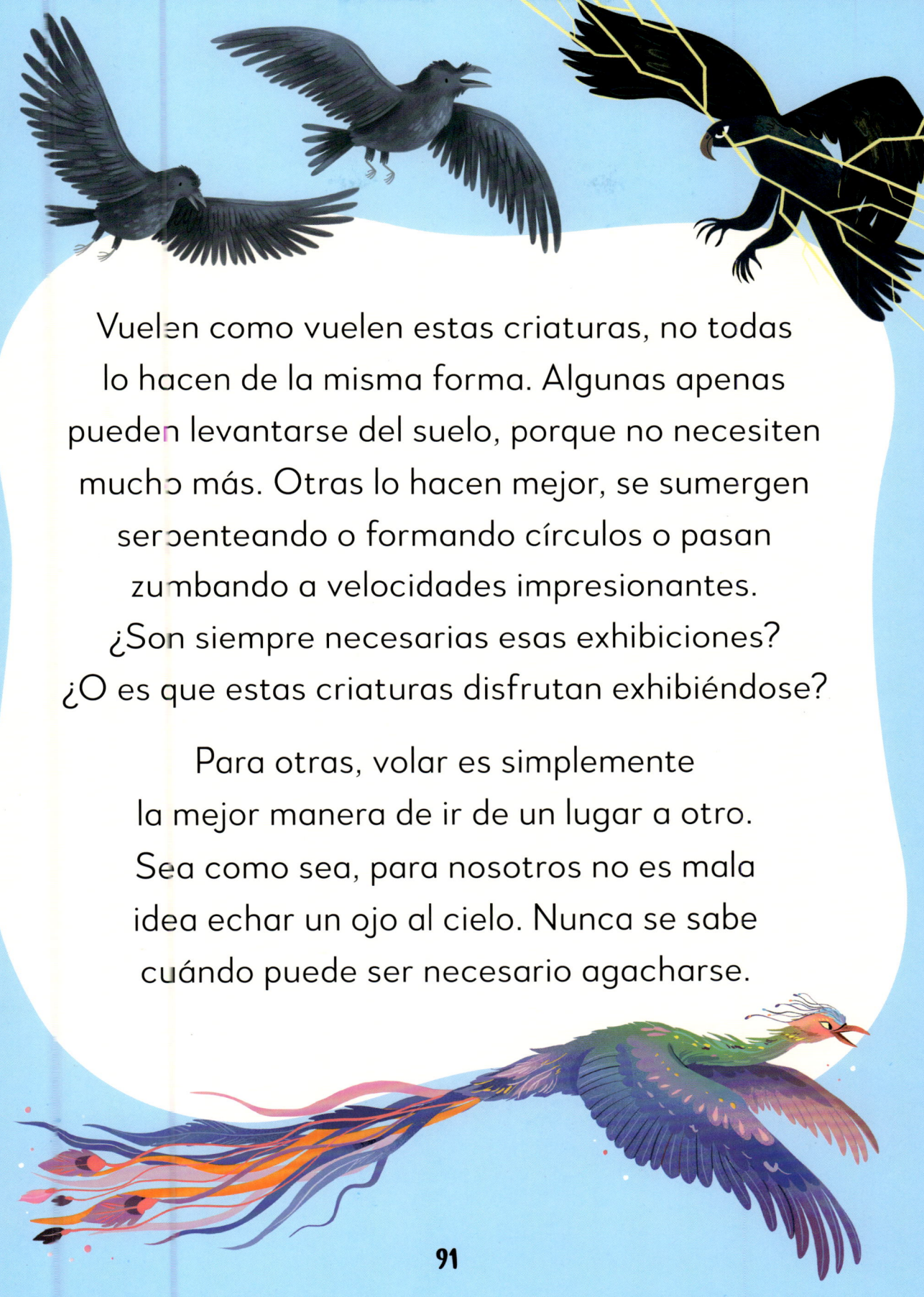

Vuelen como vuelen estas criaturas, no todas lo hacen de la misma forma. Algunas apenas pueden levantarse del suelo, porque no necesiten mucho más. Otras lo hacen mejor, se sumergen serpenteando o formando círculos o pasan zumbando a velocidades impresionantes. ¿Son siempre necesarias esas exhibiciones? ¿O es que estas criaturas disfrutan exhibiéndose?

Para otras, volar es simplemente la mejor manera de ir de un lugar a otro. Sea como sea, para nosotros no es mala idea echar un ojo al cielo. Nunca se sabe cuándo puede ser necesario agacharse.

Fénix

Con sus plumas brillantes de **fuego**,
las alas enormes y el pico largo y afilado,
un ave gigante llamada «fénix» resurge
de sus cenizas y renace una y otra vez.

Plumas brillantes
de color naranja

Suele tener
los ojos azules,
que brillan
como **zafiros**.

El fénix simboliza la esperanza y el renacimiento.

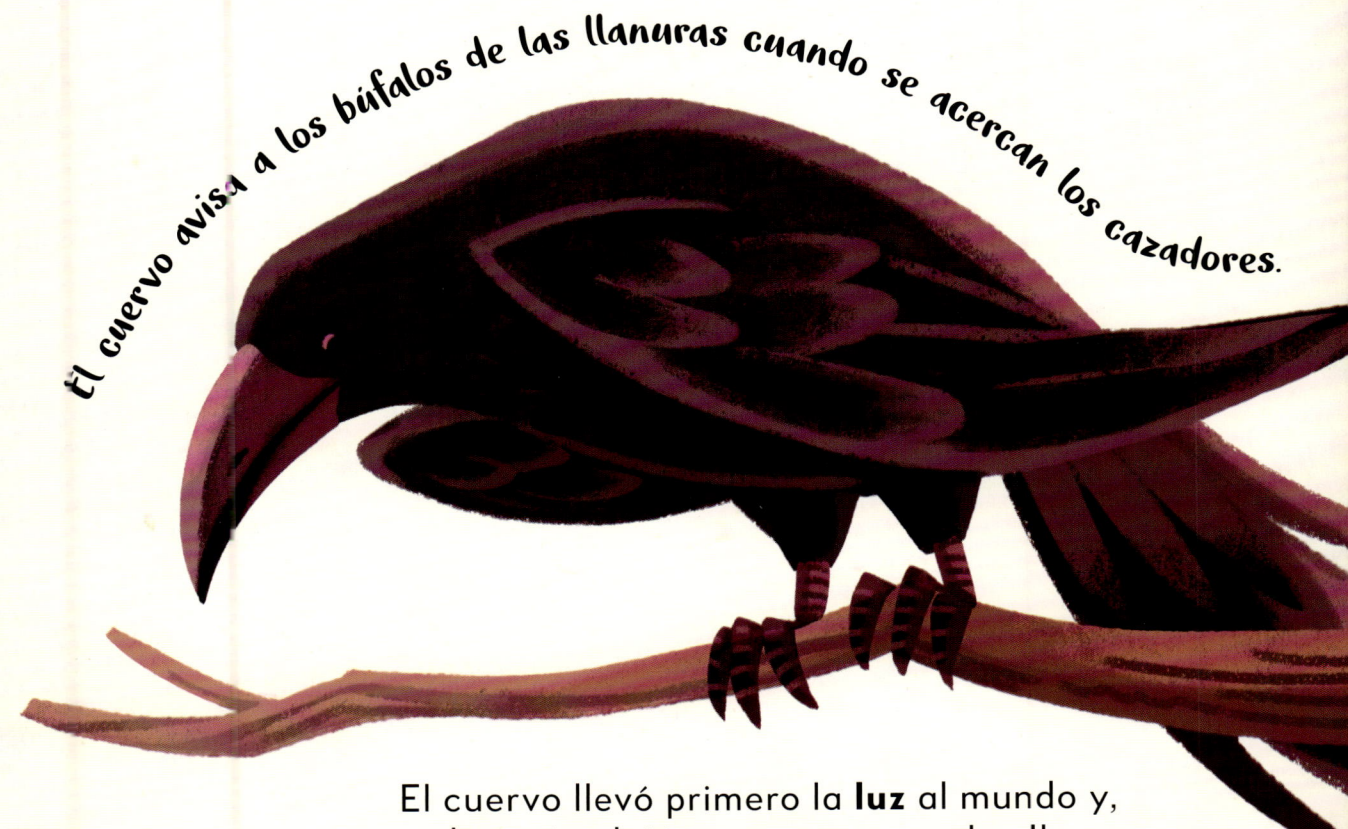

El cuervo avisa a los búfalos de las llanuras cuando se acercan los cazadores.

El cuervo llevó primero la **luz** al mundo y, después, dejó caer una parte de ella. Estos elementos caídos se convirtieron en la Luna y las estrellas.

Cuervo

Este pájaro tan embaucador de los pueblos de las **Primeras Naciones** de América del Norte parece un cuervo normal y corriente. Pero no te dejes engañar. Es muy inteligente y poderoso. Puede adoptar la forma de otros animales, personas o, incluso, objetos.

La anchura de punta a punta de las alas de un rocho puede llegar a los 24 metros.

En una leyenda sobre Simbad, el marinero de *Las mil y una noches*, dos rochos destruyeron el barco de Simbad dejando caer **piedras** enormes encima.

Un rocho era tan grande y fuerte que podía agarrar a un **elefante** para zampárselo.

Rocho

Las águilas son grandes y los cóndores aún más, pero el rocho es todavía mayor que los dos juntos. Su tierra natal es **Asia**, aunque el rocho puede volar allá adonde quiera.

El hecho de que el pájaro del trueno ocupe la cima de un tótem es la prueba de la alta estima que le tiene la gente.

Si un pájaro del trueno está enfadado, puede batir las alas y crear una tormenta terrible.

El pájaro del trueno de las leyendas de América del Norte era conocido por llamar a la **lluvia**, una buena señal en primavera o después de una sequía.

Pájaro del trueno

Es difícil no ver a un pájaro del trueno que vuele por el cielo. Del pico le salen **rayos** y de las alas le retumban **truenos**. Con esos poderes, lucha contra los espíritus del agua o de la tierra.

Hadas

Las hadas, ligeras y delicadas, viven en los bosques y en las arboledas. Hay hadas **buenas**, que son serviciales y amables, y hay hadas **malvadas**, que siempre están al acecho para crear problemas.

Estos espíritus de la **naturaleza** suelen encontrarse en parejas (macho y hembra) cerca de las montañas, los ríos, los árboles y los océanos.

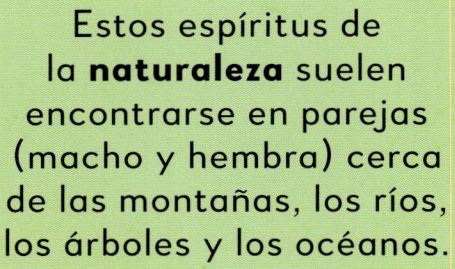

Los sprites son unos duendes que viven en los prados y a menudo se encuentran cerca de los **ríos** y los **estanques**.

Iaksa

Sprite

Peri

A estos espíritus con alas de Persia les gusta hacer **buenas acciones**.

96

Las hadas aparecen en muchos **cuentos**, esparciendo polvo de estrellas y bondad. ¿Cuál es tu favorito?

El hada azul da un consejo amistoso a **Pinocho**, la marioneta díscola.

Hada azul

En el célebre cuento de hadas, el hada madrina es la guardiana amable y dulce de **Cenicienta**.

Hada madrina

Campani la es la compañera de viaje de **Peter Pan** en sus numerosas aventuras. Emite los sonidos de una campana que tintinea.

Campanilla

Poderosas alas con plumas

Años más tarde, Pegaso tiraba del carro del dios griego **Zeus**.

A Pegaso lo domaron con la ayuda de una brida dorada.

Pegaso

Pegaso era un caballo con alas. Podía hacer lo mismo que un caballo y también volar como un pájaro. Al principio, Pegaso era salvaje, hasta que el héroe griego **Belerofonte** lo domesticó.

El conejo lunar también es conocido con el nombre de «conejo de jade».

El conejo lunar utiliza una mano de mortero para mezclar una **poción mágica**: quien se la beba, vivirá para siempre.

La poción se guarda en un recipiente llamado «mortero».

Conejo lunar

Historias procedentes de China hablan del conejo lunar que vive en la Luna. Lo llevó allí la diosa de la Luna, **Chang'e**. En una ocasión, el conejo lunar se marchó de casa para llevar medicamentos a los enfermos de Pekín.

Eshu una vez pidió al Sol y a la Luna que se intercambiaran el lugar.

Cada noche, Eshu informa a **Ifá**, el dios principal, sobre las novedades del día.

Eshu

Eshu es un **espíritu mensajero** entre los dioses de los cielos y las personas de la Tierra. Conoce todas las lenguas. A Eshu también le gusta gastar bromas a la gente.

Eshu es más conocido por los **yorubas**, un pueblo que vive en Nigeria y alrededores.

Garuda

De acuerdo con la mitología hindú, Garuda es el **rey** de todas las aves. Es mayor que un halcón. Incluso más que un águila. Bate las alas con tanta fuerza que podría hacer que la Tierra dejara de girar.

Alas poderosas

Garuda aparece a veces como medio hombre y medio pájaro.

Garuda es un **símbolo nacional** en muchos países del sur de Asia.

Alicanto

Muchos pájaros se alimentan de gusanos, pero no es el caso del alicanto de Chile, que solo come **oro** o **plata**. Si un alicanto come oro, por la noche emite un resplandor dorado. Si come plata, el brillo es plateado.

El alicanto tiene dificultades para volar porque el oro y la plata que se come hacen que **pese** demasiado como para levantarse del suelo.

El alicanto puede apagar el resplandor si le siguen.

Alas de mariposa

Itzpapalotl cuenta con una **capa de invisibilidad** para desaparecer.

A itzpapalotl se la asocia con una **mariposa** de colores que se encuentra en México.

Itzpapalotl

No hay muchas mariposas que sean **guerreras** feroces. Pero la diosa-mariposa azteca itzpapalotl es diferente. Tiene brazos y patas huesudos y las alas cubiertas de piedra.

Grifo

Un grifo tiene la cabeza y las alas de un **águila** y el cuerpo y la cola de un **león**. Los grifos están muy orgullosos de esta combinación. Los hace fuertes y poderosos.

En la antigua **Persia**, se creía que los grifos protegían a las personas del mal.

Los grifos eran conocidos por custodiar el oro, y algunas personas creían que ponían los huevos con **pepitas** de oro en el interior.

104

Arpía

La arpía de las leyendas de la antigua Grecia tiene la cabeza y el cuerpo de una mujer y las alas y las garras de un pájaro. Por desgracia, a las arpías les gusta **gritar** y destrozarlo todo.

Las arpías a menudo hacían trabajos para Zeus, el dios principal de la antigua Grecia.

Alas de pájaro

A las arpías les gusta **robar** comida, o a veces incluso a la gente, si ven la oportunidad.

105

El basan vive en los **bosques de bambú**, pero a veces aparece por los pueblos durante la noche.

El basan también se conoce como «gallo de fuego».

Fuego frío

Tiene más o menos el mismo tamaño que un pavo.

Basan

El basan aparece en las historias de Japón. Parece un gallo de grandes dimensiones, un enorme gallo que escupe **fuego frío**. El basan no pía demasiado, pero bate mucho las alas para hacer ruido.

Tengu

El tengu es un espíritu **japonés**.
Hace miles de años parecía un perro,
pero más tarde decidió adoptar aspecto
de ave. Nadie sabe por qué cambió de opinión.

Nariz larga en
forma de pico

El tengu toma el
nombre de un **demonio**
chino parecido a un perro
que llegó a la Tierra en
un meteoro de fuego.

Los tengus solían ser
conocidos por luchar en
las guerras, pero más tarde
se hicieron famosos por
sus **buenas obras**.

Si están de
buen humor
los marids pueden
conceder **deseos**.

Marid

Los genios son espíritus mágicos de
la cultura árabe, y los marids son los
más **poderosos** de todos. Los marids
se suelen parecer a las personas y llevan
a cabo acciones sobrenaturales.

108

Genio de la lámpara

En una de las historias de *Las mil y una noches*, un genio famoso conoce a un muchacho llamado **Aladín**. Aladín frota la lámpara para que aparezca el genio. Como propietario de la lámpara, Aladín se convierte en el dueño del genio.

Al frotar un anillo mágico, Aladín conoce a otro genio menor, el **genio del anillo**.

El iblís, como está hecho de **fuego**, se cree mejor que cualquier otro ser humano.

Iblís

El iblís es un genio horrible. Este espíritu tiene el poder de sembrar una idea **maligna** en el corazón de un humano. ¿Eso significa que cualquier persona puede culpar a un iblís de cualquier idea terrible que tenga? Habrá gente que sí.

El jann puede devolver el **agua** a un oasis seco, lo cual lo convierte en una figura muy popular entre los viajeros sedientos.

Los janns no son tan poderosos como algunos otros genios.

Jann

Un jann es una especie primitiva de genio que vive en el desierto. Puede cambiar de forma para encajar en el desierto de distintas maneras. El jann a menudo toma la forma de un **torbellino** o de un **camello blanco**.

Gagana

El gagana ruso tiene plumas como otras aves, pero también cuenta con un pico de hierro, **garras de cobre** y una envergadura de casi 4 metros. Hay quien dice que es el ave más antigua y sabia del mundo.

El gagana custodia una **piedra mágica** llamada «alatyr», que tiene el poder de curar heridas o enfermedades.

El gagana vive en una isla fantástica llamada Buyán.

Se dice que los **ojos** de Horus representan el Sol y la Luna.

La gran fuerza del dios equivale a la de centenares de humanos.

Horus

Horus es el antiguo dios egipcio del cielo. A menudo, se muestra con la cabeza de un **halcón**. Horus se puede transformar en varios animales y puede controlar las tormentas.

Dragón chino

El magnífico dragón chino tiene un cuerpo parecido al de una **serpiente** y una cabeza grande y puntiaguda como la de un cocodrilo. Eso le puede dar un aspecto bastante feroz, pero en realidad es muy amistoso.

Pies con garras largas y afiladas

A diferencia de muchos otros dragones, la mayoría de los dragones chinos no tienen alas, sino que utilizan sus **poderes mágicos** para volar.

Patas cortas y regordetas

El dragón chino simboliza la fuerza y la buena suerte.

Si alguna de las **flechas** de Cupido toca el corazón de una persona, esta buscará el amor.

Cupido

Cupido es el dios romano del **amor**.
Tiene el aspecto de un niño, pero con alas,
e intenta unir a las personas en el amor.
Cupido suele tener buenas intenciones,
pero a veces hace **travesuras**.

Los hipogrifos comen todo lo que comerían un águila o un caballo.

Algunos personajes fantásticos han **cabalgado** un hipogrifo.

Hipogrifo

El hipogrifo tiene la parte delantera de un **águila** y la parte posterior de un caballo. Sus alas poderosas le permiten volar muy rápido. Puede volar incluso hasta la Luna.

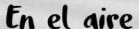

Fue Odín quien dio a los dos cuervos la capacidad de **hablar**.

Hugin y Munin

Estos dos cuervos de la mitología nórdica vuelan por todo el mundo y llevan noticias al dios supremo **Odin**. Decidir qué noticias vale la pena compartir no es trabajo suyo. Odín lo decide él mismo.

Hugin y Munin a veces se posan sobre los **hombros** de Odín mientras le informan.

118

El fenghuang también se conoce como el «fénix chino».

Fenghuang

Se dice que el fenghuang de la China **domina** a todas las demás aves. Hay quien dice que tiene la cabeza de un faisán, el cuerpo de un pato, el pico de un loro y la cola de un pavo real.

Al fenghuang le gusta presumir de su magnífica cola de pavo real.

Simurgh

La simurgh es una hembra gigante con alas de la mitología persa. Tiene la cabeza de un **perro**, el cuerpo de un **pavo real** y las garras de un **león**.

La simurgh es una fuerza del **bien** en el mundo, y mantiene la pureza de la tierra y del agua.

La amable simurgh hace de enlace entre la tierra y el cielo.

120

Se dice que el basilisco puede destruir cualquier cosa con una sola mirada.

La **comadreja** es el único animal que puede mirar fijamente a un basilisco sin que le afecte.

Basilisco

Un basilisco se parece más a un **dragón**, pero con la cabeza y las dos patas de un gallo. A pesar de todo, a diferencia de la mayoría de los dragones, no puede escupir fuego.

Existe la creencia generalizada de que el ave Homa nunca se podrá capturar.

Muchas historias cuentan que esta ave no tiene **patas**.

Se dice que el ave Homa es **invisible**, aunque algunos afortunados afirman haber visto su sombra.

Jabberwock

Jabberwock tiene los dientes afilados, las garras puntiagudas y los ojos llameantes. También hace mucho ruido, ya que **sopla** y **parlotea** mientras se mueve. Eso es una suerte porque, si lo oyes, significa que tendrás mucho tiempo para escapar.

Ave Homa

Muchas aves vuelan,
y algunas vuelan alto en el cielo.
Pero el ave Homa de la leyenda iraní
es la única que nunca desciende.
Se pasa **toda la vida**
planeando por encima
de la Tierra.

El ave Homa
es una señal de
buena suerte.

Jabberwock aparece en un
poema l amado *Jabberwocky*
del escritor inglés Lewis Carroll.

Alas anchas
y con plumas

Cuello largo
con escamas

Garras afiladas

123

Pamola se pasa la mayor parte del tiempo asegurándose de que el clima sea lo bastante **frío** como para adaptarse a él.

Pamola no está muy contento si alguien intenta subir al **monte Katahdin** en América del Norte.

Pamola

Este **dios del trueno** nativo americano es difícil que pase desapercibido. Tiene la cabeza de un alce, el cuerpo de un hombre y las alas y las garras de un águila. Protege las montañas del pueblo **abenaki**.

124

Peng puede respirar tanto en el aire como en el agua.

Peng es un símbolo de **fuerza de voluntad** y **ambición**.

Peng

Peng es un pájaro chino gigante que se puede transformar en un **pez** enorme y retomar su forma original siempre que quiera. También es lo suficientemente fuerte como para volar durante seis meses por encima del océano sin descansar.

Akhekh

Akhekh es conocido por tener la cabeza de un **pájaro**, el cuerpo de un **antílope** y unas grandes alas con plumas. A veces se le llama «la serpiente mística del mal», por lo que no tiene muchos amigos.

Akhekh fue una criatura que vivía en el **antiguo Egipto**.

Akhekh era un símbolo del poder de los faraones egipcios.

127

Kukulkán

Kukulkán era una gran serpiente **emplumada**. Muchas personas la adoraban, especialmente los mayas de Mesoamérica.

Kukulkán vuela con la ayuda de las **alas**.

Los aztecas de México llamaban Quetzalcóatl a Kukulkán.

Los guivernos no pueden **hablar**, pero, aun así, se hacen entender.

Alas poderosas

Unas **escamas** gruesas cubren la piel del guiverno.

Cola puntiaguda con púas

Guiverno

La mayoría de los dragones tienen cuatro patas. El guiverno solo tiene un par, pero también cuenta con dientes afilados, garras todavía más afiladas y una cola **puntiaguda** con púas.

Cuando el rey de Tonga intentó asesinar a Leutogi, un enjambre de **murciélagos** la rescató.

Por eso, a veces se conoce a Leutogi como «la diosa de los murciélagos». Una vez curó a un murciélago enfermo.

Leutogi

Leutogi es una princesa polinesia conocida por su **amabilidad**. Algunas personas creían que ser amable la convertía en débil. Pero Leutogi siguió actuando como mejor le parecía.

130

Tennin

Las tennin llevan a menudo **flores de loto**.

Las tennin viven en la cima del cielo budista de la mitología **japonesa**. Tienen aspecto de mujer y llevan ropa de colores, joyas y pañuelos largos y vaporosos. A pesar de todo, en realidad son ángeles.

A veces tocan **instrumentos musicales**.

131

Hada de los dientes

El hada de los dientes siempre está muy ocupada. Todas las noches se afana en dejar **dinero** debajo de las almohadas de los niños a cambio de los **dientes de leche** que se les han caído.

Uno de los grandes **misterios** del mundo es qué hace esta hada con todos los dientes que recoge...

132

El hada de azúcar puede adoptar la forma que quiera.

En la obra
El cascanueces,
una niña llamada
Clara se transforma
en el hada de azúcar.

Hada de azúcar

El hada de azúcar es tan **bonita** como
su nombre. Es pequeña y **delicada**.
Tiene aptitudes para la danza y aparece
en un ballet titulado *El cascanueces*.

133

Conclusión

Las criaturas mágicas que se incluyen en este libro
pueden estar alegres o tristes, pueden ser curiosas
o gruñonas y también agradables o malvadas.
Todo depende de su estado de ánimo,
que puede cambiar sin previo aviso.

Pueden ser grandes o pequeñas, pueden tener
cuernos, espinas, orejas puntiagudas o dientes afilados
que pueden aparecer en los lugares más inesperados.
Es cierto que estas criaturas pueden ir en grupo, pero,
con independencia de eso, les gusta ir a su aire.

¿Y qué sucede con ellas? Pues la respuesta nunca es aburrida. Por suerte para nosotros, porque muchas de nuestras historias y leyendas del pasado son más divertidos porque estas criaturas han tenido su papel.

De hecho, a veces estas criaturas hacen mucho más que simplemente vivir en el mundo que nos rodea. Se sabe que también nos visitan en sueños. Desde hace miles de años, ya sea en el mundo real o en un mundo imaginario, siempre han destacado. Y si se salen con la suya —que es lo que suele pasar—, siempre destacarán.

Stephen Krensky

Glosario

aborigen
Relacionado con los pueblos indígenas de Australia

aztecas
Pueblo nativo de México

caracola de mar
Valva grande en forma de espiral

demonio
Tipo de criatura o espíritu malvado

diablo
Espíritu malvado conocido en muchas religiones

faraón
Gobernador del antiguo Egipto

gaélico
Lengua o cultura de Irlanda o Escocia

genio
Espíritu mágico de la cultura árabe que a menudo concede deseos

hechizo
Sortilegio o poción mágica que se hace o se da a las personas con fines buenos o malos

héroe
Persona valiente que se arriesga por el bien de los demás

hindú
Seguidor del hinduismo, una religión importante que tiene su origen en el Sureste asiático

inca
Antiguo pueblo cuyo imperio se fundó en Perú o alrededores

inframundo
Tierra subterránea de la mitología donde van a parar los espíritus después de la muerte

inmortal
Que vive para siempre

judío
Relacionado con la religión del judaísmo o el pueblo judío

Las mil y una noches
Colección de cuentos explicados por primera vez en Oriente Medio y alrededores; también se conoce con el título de *Las noches árabes*

leñador
Persona cuyo trabajo consiste en talar árboles y convertirlos en leña

malicioso
Malo o muy perverso;
lo contrario de bueno

maori
Relacionado con el pueblo
indígena de Nueva Zelanda

maya
Relacionado con el pueblo o la
lengua maya de Mesoamérica

Mesoamérica
Zona que se extiende hacia el sur
desde el centro de México hasta
Costa Rica, en América Central

mito
Historia o leyenda trasmitida
por los pueblos antiguos que
a menudo incluye a dioses,
magia o criaturas fantásticas

nativo americano
Relacionado con los pueblos que
se instalaron por primera vez en
América del Norte

nórdico
Relacionado con los pueblos y las
tierras de la antigua Escandinavia

Persia
Antiguo imperio centrado en el
actual Irán

plesiosaurio
Animal acuático de grandes
dimensiones que vivió hace
66 millones de años

serpiente
Reptil de grandes dimensiones

símbolo
Objeto o marca que representa
una idea más amplia

sprite
Criatura mágica pequeña que vive
cerca de los bosques o del agua

Tiempo del Sueño
Antiguo período de la religión
aborigen australiana en que se
creó la vida y se formó el mundo

tótem
Poste de madera decorado con
imágenes esculpidas hechas por
el pueblo nativo americano

Criaturas de la A a la Z

Hh

Ii

Texto Stephen Krensky
Ilustración Katarzyna Doszla, Lucy Semple,
Paula Zamudio, Sara Ugolotti

Edición sénior Marie Greenwood
Diseño Holly Price
Diseño adicional Brandie Tully-Scott, Sonny Flynn
Dirección editorial Jonathan Melmoth
Dirección editorial de arte Diane Peyton Jones
Edición de producción sénior Nikoleta Parasaki
Control de producción sénior Ben Radley
Dirección de arte Mabel Chan
Dirección de publicaciones Sarah Larter
Asesoría de autenticidad Bianca Hezekiah

De la edición en español:
Coordinación editorial Lakshmi Asensio
Composición y maquetación Sara García Pérez
Traducción Ariadna Ausiò
Corrección Mariona Barrera y Manuel Barroso
Dirección editorial Elsa Vicente

Publicado originalmente en Gran Bretaña
en 2024 por Dorling Kindersley Limited
DK, One Embassy Gardens, 8 Viaduct Gardens,
Londres, SW11 7BW
Parte de Penguin Random House

ISBN: 978-0-5939-6309-8

Impreso y encuadernado en China

www.dkespañol.com

Agradecimientos

DK quiere agradecer a Anna Bonnerjea, Abi Maxwell
y Dawn Sirett por la asistencia editorial y
a Caroline Hunt por la revisión.

Créditos de las ilustraciones
1–144 123RF.com: laurent davoust
por la textura de fondo